Convite à oração

Frei Neylor J. Tonin

Convite à oração

Salmos e cânticos espirituais

EDITORA VOZES

Petrópolis

Rua Frei Luís, 100
25689-900 Petrópolis, RJ
Internet: http://www.vozes.com.br

Diretor editorial
Frei Antônio Moser

Editores
Ana Paula Santos Matos
José Maria da Silva
Lídio Peretti
Marilac Loraine Oleniki

Secretário executivo
João Batista Kreuch

Editoração: Frei Leonardo A.R.T. dos Santos
Projeto gráfico: AG.SR Desenv. Gráfico
Capa: WM design

ISBN 978-85-326-3848-9

Editado conforme o novo acordo ortográfico.

Este livro foi composto e impresso pela Editora Vozes Ltda.

Sim! Abro uma estrada no deserto, faço correr rios no sertão.
Celebrar-me-ão os animais selvagens, os chacais e os avestruzes,
pois dei água ao deserto e rios ao sertão,
para matar a sede de meu povo escolhido.
O povo, que criei para mim, proclamará o meu louvor (Is 43,19b-21).

Sumário

Rezemos

"O Senhor te abençoe e te guarde! O Senhor faça brilhar sobre ti sua face e se compadeça de ti! O Senhor volte para ti seu rosto e te dê a paz!" (Nm 6,24-26).

Derramemos, fiéis de todas as religiões, derramemos nossos corações aos pés de Deus. Oremos a Ele que criou o céu e a terra, que é nossa origem e destino. Ele que nos sustenta com sua graça e nos salva com seu poder.

Rezemos, homens e mulheres, rezemos juntos! Tenhamos um só coração e uma só alma. Rezemos com Cristo e em Cristo, nosso Senhor.

Chamai, santos e pecadores, pobres e doentes, fracos e pequenos, gente feliz ou triste. Chamai a Deus de Pai, com Cristo e por Cristo Jesus.

Esvaziemo-nos de nós mesmos e mergulhemos no vasto oceano do mistério de Deus. Pela oração! Cheios de oração!

Quando isto acontece, já não somos nós que rezamos. É o próprio Espírito de Deus que reza em nós e faz de nós a sua oração.

Nossa oração, então, já não é apenas um clamor que sobe da terra. É um salmo de louvor que ecoa no seio da Santíssima Trindade, tornando-se uma bênção para toda a vida.

Oremos! Derramemos nossos corações aos pés de Deus e coloquemos nossas vidas, com Jesus, nas mãos onipotentes do grande Amante da vida e Senhor do universo.

Santo Agostinho: "Fazei que eu vos conheça, ó Conhecedor de mim mesmo, sim, que vos conheça como de Vós sou conhecido. Ó Virtude da minha alma, entrai nela, adaptai-a a Vós, para a terdes e possuirdes sem mancha nem ruga. É esta a esperança com que falo, a esperança em que me alegro quando gozo de uma alegria sã. Os outros bens desta vida, tanto menos se deveriam chorar, quanto mais os choramos; e tanto mais se deveriam chorar, quanto menos os choramos. Mas Vós amastes a verdade, e quem a pratica alcança a luz. Quero também praticá-la no meu coração, confessando-me a Vós e, nos meus escritos, a um grande número de testemunhas" (Confissões X,*1*).

Santo Agostinho: "Tarde vos amei, ó Beleza tão antiga e tão nova, tarde vos amei! Eis que habitáveis dentro de mim, e eu lá fora a procurar-vos! Disforme, lançava-me sobre estas formosuras que criastes. Estáveis comigo, e eu não estava convosco! Retinha-me longe de Vós aquilo que não existiria se não existisse em Vós. Porém, me chamastes com uma voz tão forte que rompestes a minha surdez! Brilhastes, cintilastes e logo afugentastes a minha cegueira! Exalastes perfume: respirei-o suspirando por Vós. Eu vos saboreei, e agora tenho fome e sede de Vós! Vós me tocastes e ardi no desejo da vossa paz! Quando estiver unido a Vós com todo o meu ser, em parte nenhuma sentirei dor e trabalho. A minha vida será então verdadeiramente viva, porque estará toda cheia de Vós. Vós libertais do seu peso aqueles que encheis. Porque não estou cheio de Vós, sou ainda peso para mim" (Confissões *X,27-28).*

Salmos

Freiras e frades, padres e monges e muitos leigos começam o dia rezando. Rezando salmos.

O salmo é uma oração com alma e formato bíblicos. O Povo Eleito os rezava em casa, nas sinagogas e nas romarias ao Templo de Jerusalém.

Jesus os rezava com Maria e José, com os parentes e amigos. São Pedro, São Paulo e os apóstolos, também.

Salmo é uma palavra grega que pode significar ou um instrumento, tipo harpa, ou um cântico acompanhado por tal instrumento.

A Septuaginta, a primeira tradução da Bíblia para o grego, deu o nome de salmo ao termo hebraico mizmor, que significa cântico com acompanhamento de instrumento de corda.

A Bíblia tem 150 salmos: salmos de louvor, salmos penitenciais, imprecatórios e comemorativos dos feitos de Deus por seu povo. 73 deles são atribuídos, com certa segurança, ao Rei Davi.

Os salmos bíblicos expressam um estado de alma de quem os reza e dirigem-se sempre a Deus. São belas orações em forma de poesia.

Em nosso esforço de criar alguns salmos modernos, com alma bíblica, não pretendemos tanto: quisemos apenas rezar, engrandecendo a ação de Deus em nossas vidas, que têm tanto para agradecer quanto para chorar.

Ele, com certeza, nos escutará, porque sempre rezamos por Cristo e em Cristo, na comunhão com todos os irmãos, em união especialmente com pobres, doentes e pecadores.

Nossa oração é, certamente, pobre, doente e pecadora, mas é feita a um Deus que é rico de misericórdia e que não leva a mal nosso pobre e atrapalhado jeito de ser e de rezar.

1. Salmo de louvor

Louvai a Deus, criador da terra e do céu,
pois Ele escuta o clamor dos pobres e oprimidos.
Nosso Deus é o pai amoroso do filho pródigo.
Alimenta as aves do céu; é jardineiro dos lírios do campo.

Louvai e cantai a Jesus, nosso Irmão e Senhor.
Nele somos herdeiros da glória do Pai.
Procedamos como filhos da luz e da paz,
porque ele é a bênção e a glória dos seus santos.

Louvai a Jesus, o filho de Maria e o Cristo de Deus.
Ele abraçou as crianças e consolou os aflitos.
Ordenou a Lázaro que saísse do seu túmulo.
Com voz portentosa acalmou a tempestade do lago.

Louvai, homens e mulheres, não cesseis de louvar
aquele que salva a ovelhinha tresmalhada,
que perdoou a pecadora e a covardia de Pedro
e proclamou felizes os que creem sem ter visto.

Louvai a Jesus que empunha o chicote,
cura doentes e expulsa demônios.
Eleva o pobre Lázaro ao mais alto dos céus
e precipita no inferno o ávido rico epulão.

Louvai, homens e mulheres, louvai a Deus,
nosso Pai,
louvai a Jesus e o divino Espírito Santo.
Só a Eles pertencem toda glória e poder,
toda honra, graça, beleza e adoração!

Se, um dia, minh'alma sentir a secura da fé
e meu coração não sentir o gosto de rezar,
que meus lábios possam, ao menos, dizer:
"Aceita, meu Deus, este Salmo de louvor."
Amém.

2. SALMO DA FAMÍLIA

Eu te agradeço, Senhor Deus, pela graça da família que tenho.
Nela nasci, cresci, fiquei gente, e aprendi a arte de amar e ser amado.

Quando cansado e ferido, nela busco abrigo e proteção.
Não há porta mais querida do que a porta da minha casa.

O rosto bom de meu pai, o rosto luminoso de minha mãe e o de meus irmãos
me dizem que tenho um Deus que é mãe e pai, e um irmão que se chama Jesus.

Junto a eles, sinto paz e alegria, e sempre tenho um pouco de vinho e um pedaço de pão.
Minha família, meu bom Deus, é uma linda bênção que me faz feliz.

Nem sempre fui compreensivo ou amei minha família como devia.
Houve ocasiões em que lhe causei tristeza e não fui um bom filho e irmão.

Hoje, peço perdão por meus egoísmos e inconsequências.
Prometo nunca mais os magoar ou abandonar em suas necessidades.

Perdão, querido Deus, mil vezes perdão! Que eles também me perdoem.
Se pudesse, mudaria meu jeito de ser e beijaria suas mãos e corações.

Ensina-me que, em família, é mais importante amar do que vencer;

e graça grande é dar e receber um abraço de quem nos ama.

Ofereço-te a alegria de ter uma família, a minha linda e querida família,
de ter um pai que me entende, uma mãe que me ama e irmãos que me aceitam.

Com eles, quero viver para ti nos caminhos da justiça, da paz e do bem.
Confesso que não existe maior riqueza do que ser e ter uma linda família.

Se tivesse, um dia, que escolher apenas uma porta, entre as muitas que existem,
com certeza, escolheria, sem hesitação, a porta da casa de minha linda família.

3. Salmo pedindo a graça da oração

Divino Espírito Santo, graças te dou por rezares em mim "com gemidos inenarráveis".
Tu és o mestre da vida interior. Dá-me a graça de rezar com os sentimentos de Jesus.

Como os discípulos pediram a Jesus, também te suplico: “Ensina-me a rezar!”
Ensina-me a rezar com um espírito puro, pobre e desarmado, aberto e confiante.

Que pulsem, fortemente, em minha oração, as preocupações, dores e alegrias,
as esperanças e as frustrações de todos os meus irmãos, homens ou mulheres.

Ofereço-te o bem e o mal, os meus pecados e as fraquezas de minh’alma.
Nunca quis ofender tua presença em mim. Perdoa-me, ó divino Espírito Santo.

Reveste-me com o manto nupcial da tua graça e queima-me com teu fogo.
Faz-me digno da festa do Reino de Jesus, nosso misericordioso Salvador.

A teus pés, derramo meu coração e te suplico: Dá-me a graça da oração.
Reza em mim e por mim. Sê Tu a minha oração, santa e sacrossanta.
Amém.

4. Salmo da vida e da morte

Deus é o senhor do céu e da terra, dos vivos e dos mortos.
Ninguém vive senão por Ele. Toda vida lhe pertence.

Criou a luz e o sol, a terra e o mar, os anjos e os humanos
para que fossem reflexos luminosos de seu poder divino e eterno.

Ao criar o homem e a mulher, Ele os fez à sua imagem e semelhança,
dando-lhes seu espírito para que habitassem em sua casa.

Quando a serpente os iludiu com promessas de poder e rebeldia,
nossos pais desobedeceram, com sonhos de grandeza e liberdade.

Com o pecado, veio a morte e, com a morte, a vida longe de ti, ó Senhor.
Mas Tu, Pai bondoso, cobriste nossa nudez e nos prometeste um Salvador.

Jesus veio para o que era seu, como vida e vida em abundância.
Pregou o Reino, perdoou os pecados e fez a paz entre o céu e a terra.

Agradeçamos, homens e mulheres, a graça e a ventura de viver
e de crer em Jesus Salvador, que morreu na cruz por nosso amor.

Viver é graça, morrer é graça, Jesus é a graça revelada por Deus.
O destino da vida é a graça de ser abraçado pelo Deus de todas as graças.
Amém.

5. Salmo de um pecador arrependido

Grande e bom Senhor, fonte de toda graça,
reconheço que sou pecador e peço teu perdão.

Meu maior pecado é não ser como deveria.
Sou cristão, mas não tenho os sentimentos de Jesus.

Sou criatura, mas não me vejo à tua imagem e
semelhança.
Sou teu filho, mas não amo os outros como irmãos.

Confesso que fui fraco e covarde, egoísta e
ambicioso,
duro de coração, injusto, intolerante e desalmado.

Mais do que ofender a ti, que és rico em
misericórdia,
ofendi pobres e pequenos, indefesos e vulneráveis.

Quantas e quantas vezes choraram por minha causa!
Choraram lágrimas amargas, humilhadas e sem
consolo!

Os pobres perderam, por minha causa, a vontade de
viver,
quando os decepcionei e afligi em tempos de
penúria.

De minhas faltas e pecados, arrependo-me e peço-te
perdão.
Errei, errei muito, pequei contra o céu e contra meus
irmãos.

Peço-te, ó Jesus, que me queimes com o fogo da
paixão
e que, chorando, eu permaneça debaixo de tua cruz.

Peço que me queimes com o fogo de teu olhar.
Aos pobres peço, com dor e arrependido,
uma maior consciência de meus pecados e fraquezas
e, se voltar a ofendê-los e a humilhá-los, ó meu Deus,
que meu travesseiro não me deixe dormir em paz.
Amém.

6. SALMO DA ESPERANÇA DE QUEM CRÊ

Do fundo da alma, os pobres clamam a Deus
para que os liberte dos sofrimentos desta vida.

Abandonados, sentem-se pequenos e sem forças,
mas voltam-se para os céus, e rezam com confiança.

Pedem a graça de serem pessoas de fé e esperança,
arautos da alegria e jardineiros da Casa do Bem.

Que Deus nos conceda a todos paz e coragem
de servir, com paixão, os projetos comuns da vida.

Que os pobres sejam juízes e mestres da vida em
comum
e sejamos todos arautos do Reino e agricultores da
vinha.

Que não festejemos a satisfação de conquistas
pessoais,
ofendendo o clamor sofrido de irmãos pobres e
oprimidos.

Ah, de pouco, muito pouco, valeriam mesas cheias de
comida,
se não houvesse convivas para a festa da partilha.

Pouca, nenhuma beleza teria a amplidão dos mares,
se não houvesse companheiros para a travessia.

A esperança que move e anima o povo de Deus,
é a da celebração da vida para todos e com todos.

As promessas de Deus são de vida e salvação,
e as esperanças do Povo são de justiça e fraternidade.

É esta a esperança que vence os mares e atravessa os
desertos

e faz frutificar e ser de todos o divino e lindo milagre da vida.
Amém.

7. Salmo da fé de quem espera

Fecho os olhos do corpo e rezo para Ti, ó meu Deus.
Abro os olhos da alma para te ver e crer em teu poder.

Tu estás presente em tudo o que existe:
nas águas que cantam chocando-se nas pedras
e nos pessegueiros grávidos de vida e de flores.

Tu vives na mãe que chora aflita por seus filhos
e nos pais que os amam sem saber o que fazer.

Nas cascas rugosas da vida, tua graça ali está.
Está na alegria dos noivos e nas festas coletivas do povo.

Busquei-te, com fé, na reza das igrejas e no silêncio das trevas.

E encontrei-te nos pobres e aflitos, nos doentes e
pecadores.

Confesso e professo que és o Deus da vida e da
morte.
Tu falas baixinho em nossas tristezas e alegrias.

Ajuda-nos a nunca ter medo de teu amor de Pai,
a sempre caminhar invocando tua graça e poder,
a não desesperar em momentos de cruz e provação.

Aumenta a nossa fé! Tu és a vida, a vida de nossa
vida.
Sem ti, nada somos. Junto a ti, somos homens de
esperança.
Na fé, somos teus filhos. Na fé, somos todos irmãos.
Em ti, o Sol brilha, os corações cantam, a vida é um
luxo.
Amém.

8. SALMO DO AMOR DE QUEM É FORTE

Os sofrimentos me machucam por dentro e por fora
e meu coração geme e chora no fundo de mim mesmo.

Penso, muitas vezes, em fugir e desistir de tudo,
mas rilho os dentes e juro não descer da minha cruz.

Nas fraquezas, eu sei que Jesus, o bom Jesus, está comigo.
Confio nele. Ele me protege quando ando triste e deprimido.

Olho para as pessoas que lutam e sofrem mais do que eu.
Envergonho-me pelo muito que reclamo da cruz e da vida.

Porque amo e sou amado, não quero piedade e consolo.
Peço coragem para não chorar por um pobre amor perdido.

Confiando em ti, ó Deus, prometo honrar a dor de viver,
a exemplo de Jesus que foi obediente até o fim.

Quero ser forte para que os fracos não desanimem.
Serei corajoso para que minha vida não seja uma mentira.

Olharei para os pobres que vivem sem reclamar,
confiando em tua presença de Pai e na luta dos irmãos.

Lutarei para que floresçam a Justiça, a Paz e o Bem.
Farei de minha vida uma semente do Reino dos Céus.

Tu és o Deus, o Criador e o Salvador da vida.
Tu és a Luz de quem vive e morre sem desespero.

Nada te peço além da coragem de amar sem medo,
para que o Sol brilhe e meus irmãos cantem de felicidade.
Amém.

9. SALMO PARA TEMPOS DE DEPRESSÃO

Meu coração está deprimido e sinto medo de viver.
Minha boca está seca e meu espírito, angustiado.

O inimigo me cerca, me oprime e me ameaça.
Dentro de mim, só há tristeza, medo, amargura e pesar.

Entro na igreja, em busca de paz e de conforto.
Ajoelho-me, na esperança, mas não consigo nem rezar.
Meu coração é uma pedra e meus lábios mal se abrem.
Olho o sacrário, mas não te sinto, meu Deus Salvador.

Por que te calas? Por que te escondes no silêncio?
Sempre me disseram que não abandonas teus eleitos,
que deixas o rebanho por uma só ovelha tresmalhada.
Que ficas, dia e noite, à espera do filho pródigo.

De todo o coração, creio em ti, meu grande e bom Senhor.
Não vou desesperar, porque és meu Deus e Salvador.
Mas não te sinto, não te vejo, por mais que eu te procure.

Clamo a ti, confiante, com as forças de minh'alma.
Socorre-me sem demora e acolhe-me em teus braços.
Enxuga minhas lágrimas, consola meu espírito.
Tira-me das trevas, faz-me experimentar tua luz.

Sei que és rico em misericórdia e o Deus de toda consolação.
Meus pais em ti confiaram e jamais se sentiram enganados.

Aninho-me confiante, qual criança, em teu regaço.
Cerro os olhos para sentir teu abraço protetor.
Suplico-te: tira-me, Senhor, deste estado de depressão.
Devolve-me a alegria para que eu volte a ser feliz.

Na dor, ofereço-te este Salmo em forma de oração.
Rezo por meus irmãos que sofrem mais do que eu.

Não deixes de ajudar-me! Cura meu espírito deprimido!
Pacifica minh'alma com os sentimentos de Jesus.
Ele é teu Filho, nosso irmão e companheiro.
Nele confiamos. É nossa vida, a vida da nossa vida.
Amém.

10. SALMO DE UMA PESSOA FELIZ

Meu coração está em festa, em festa está meu coração.
Sinto que a vida é um luxo e que o grande luxo é viver.

A vida é graça e gosto de viver. Amo a vida e sinto-me feliz.

Brilham meus olhos e tenho paz, grande paz dentro de mim.

De joelhos, rezo e canto, radiante e confiante, ó meu Deus.
Sem ti nada sou, mas sou teu e te pertenço na vida e na morte.

Não tenho ódio de ninguém e a todos saúdo na Paz e no Bem.
Abro os braços para a vida que é um luxo que me faz tão feliz.

Com São Francisco, pergunto-me por que não canta o riacho
que é tão amado por ti, Senhor de todas as águas e do mar?
Por que não floresces, irmão pessegueiro, se Deus te ama tanto?
E tu, irmão homem, por que estás triste, se Deus está contigo?

Ah, que cantem comigo as flores de todos os jardins!
Que as crianças se aninhem nos braços quentes de seus pais.
Que os namorados façam a festa alegre da vida e do amor,

porque Deus é a razão da nossa exultação e da nossa
paz.

E tu, irmão que choras, deixa-me enxugar teu pranto.
E tu, irmão pobre, deixa-me repartir contigo o meu
pão.
Que as árvores abram seus braços e as montanhas
gritem
o amor infinito de um Deus que é o Senhor amigo da
vida.

Que ninguém viva isolado, que ninguém perca a
esperança.
Que os pobres levantem a cabeça sem nunca perder a
dignidade,
que os doentes não se ressequem na solidão de sua dor
e que todos proclamem que a vida é um luxo. Vale a
pena viver.

Sim! Vale a pena viver porque Deus ama o pobre e o
pecador,
porque repete em cada criatura o milagre estupendo
da vida
e conduz com sua mão a beleza da família e a fé dos
humildes.

Minha felicidade está nas mãos de Deus, meu Pai e bom Senhor.
Durmo pedindo sua graça e desperto para louvar seu nome.

Quando peco, Ele me perdoa. E sempre, sempre me abençoa.
De Deus eu quero ser na vida e na morte, na alegria e na dor.
Outra felicidade não desejo que a alegria de viver e de ser de Deus.
Amém.

Orações

A GRAÇA DE REZAR

Grande graça é a graça da oração.
Quando esta graça acontece,
a pessoa se sente mais próxima do Deus de todas as graças.
Rezar é conversar com Deus.
É deixar Deus falar dentro de nós.
A oração é a respiração espiritual de quem tem fé.
Como o ar enche os pulmões,
assim a oração enriquece o espírito.
A fé tem alma de oração.
A oração é a respiração da fé.
É, aliás, seu fruto mais maduro.
Quem reza não está sozinho com Deus nem reza só para si.
Leva consigo as dores e as esperanças da vida e do mundo.
A transcendência da oração humana acontece

por Cristo, com Cristo e em Cristo.
É Jesus quem coloca nossa oração nas mãos de Deus.
Por isso, na Igreja, sempre rezamos
"por Cristo, nosso Senhor".
É por sua autorização que chamamos a Deus de Pai.
É o Espírito Santo que ora dentro de nós
"com gemidos indizíveis".
Rezar é graça, é suprema graça.
Rezemos! Não deixemos de rezar!
Com fé. Na alegria. Em comunhão com os irmãos.
Sempre! De manhã e de noite. Sem cessar.
Elevemos a Deus salmos e cânticos espirituais!
Em louvor de Cristo.
Amém.

1. ORAÇÃO DE ADORAÇÃO

Porque Tu és o Senhor do céu e da terra,
origem e destino de tudo o que existe,
o Deus que era, que é, e que sempre será,
eu te adoro.

Porque Tu criaste a luz e o sol, os astros e as estrelas,
porque salvaste Noé e sua família das águas do dilúvio
e porque abençoaste a Moisés e libertaste o povo do Egito,
eu te adoro.

Porque Tu és o fogo santo que queima, sem se consumir,
porque Tu és o Deus três vezes santo que fez tremer as paredes do Templo
e queres que teu povo seja santo, como só tu és santo,
eu te adoro.

Porque Tu és o Deus da vida, "o soberano amigo da vida" (Sb 11,26),
que escuta o clamor dos que sofrem injustiças e humilhações,
e te enfureces com a presunção dos fariseus e dos doutores da Lei,
eu te adoro.

Porque Tu escolheste Maria para ser a mãe de teu Filho
e porque Jesus pregou a Fraternidade e um Reino de Justiça e de Paz,

dando sua vida na cruz e ressuscitando para a glória,
eu te adoro.

Porque Tu me conheces mais do que eu a mim mesmo,
porque Tu vives em meu íntimo e no mais profundo
dos abismos,
porque Tu és um Deus com entranhas de
misericórdia, sempre pronto para o perdão,
eu te adoro.

Porque nada mais desejo do que viver para ti e
morrer na tua graça,
amando-te e servindo-te todos os dias de minha vida,
porque Tu és meu Deus e Senhor, tudo o que quero
e desejo,
eu te adoro.

Sim, eu te adoro na alegria e na tristeza, na igreja e
em casa,
nos pobres e nos doentes, nos amigos e nos inimigos,
hoje e sempre.
Amém.

2. ORAÇÃO DO CORAÇÃO

Dá-me, Senhor, um coração bom e aberto!
Um coração que não seja de pedra, mas de carne,

caloroso, terno e cheio de humanidade,
sempre pronto para se encantar, acolher e abraçar.

Que meu coração seja rico de sentimentos,
mais do que de conhecimentos.
Que meu coração seja sensível para partilhar dúvidas
e vitórias,
mais do que habilidoso para resolver problemas.
Que nunca se faça valer pelo que tem,
mas por seu bem-querer e para a glória de teu santo
nome.

Dá-me, Senhor, um coração bom e aberto!
Um coração que saiba se inclinar sobre os que sofrem
e fazer festa com os que se alegram.

Um coração que respeite a intimidade de quem,
timidamente, se retrai,
e só entre respeitosamente no íntimo dos outros,
quando convidado.
Um coração que não alimente nem vaidades nem
arrogância,
mas que seja simples e humilde, pródigo e atencioso.

Dá-me, Senhor, um coração bom e aberto!
Um coração ensolarado, alegre e feliz, livre e desatado,

que não tenha medo de viver para fora
nem se atemorize com os desafios da vida.

Um coração que tenha grandes olhos para o milagre da vida,
e asas estendidas para voar em direção às altas montanhas.
Um coração que bata ao compasso do mundo,
que dance com as alegrias e chore com as tristezas do dia a dia.

Dá-me, Senhor, um coração bom e aberto!
Um coração que não seja egoísta, agressivo, ríspido ou impaciente,
pequeno ou mesquinho, refratário ou ressentido. Não!
Que meu coração viva para a grande vida, e ame os grandes ideais.
Que vibre com as conquistas da ciência, participe das ações da comunidade,
e sirva com orgulho às causas da cidadania.
Que nunca se encolha no comodismo,
e sempre se empenhe pela paz.

Dá-me, Senhor, um coração bom e aberto!
Bom para amar. Aberto para se deixar amar.

Bom para reconhecer o bem. Aberto para agradecer a graça de viver.
Bom para lutar pelos pobres e para nunca aceitar a insolência dos prepotentes.
Aberto, como um jardim, para os passarinhos
e vasto, como um deserto, para os animais ferozes.
Que, dentro dele, encontrem abrigo os pobres e humildes
e haja sempre uma casinha para os desabrigados.

Dá-me, meu bom e doce Senhor, um coração bom e aberto,
para que possa ter e te oferecer,
nas alegrias e nos sofrimentos,
de dia e de noite,
na vida e na morte,
hoje e sempre,
um coração, o meu coração, bom e aberto.
Amém.

3. ORAÇÃO DA IGREJA

Nós te louvamos, Senhor Deus, grande e bom,
porque, nos albores da História da Salvação,
escolheste Israel para ser teu Povo Eleito
e o designaste para testemunhar, entre as nações,
que eras o Deus único e verdadeiro.

Na plenitude dos tempos,
enviaste Jesus, nascido da Virgem Maria,
como Palavra de vida e Príncipe da paz.
Ele anunciou a chegada do Reino,
proclamou um ano da graça,
curou doentes,
libertou cativos,
expulsou demônios
e chamou de feliz a quem desse um copo de água ao mínimo de seus irmãos.

Constituiu os apóstolos para que levassem o Evangelho a todos os povos,
batizando-os em nome do Pai e do Filho e do Espírito Santo.
Do peito rasgado de Jesus nasceu a Igreja, nossa querida Igreja,
para ser sua esposa, fiel e adornada, sem manchas e sem rugas.

Nós te louvamos, porque tua Igreja vive da graça do Espírito Santo,
sendo amada na caridade e na santidade de Jesus, seu Fundador.
Embora pecadora, ela é nossa mãe e o redil das ovelhas,
sendo Jesus a porta do aprisco e nosso divino Salvador.

A Igreja zela pelo rebanho, mas é Jesus o Bom Pastor.
Ela é a vinha eleita, plantada por ti, ó divino Agricultor.

A Igreja está em Cristo, é de Cristo e vive para Cristo.
Por Cristo, ela vive em ti e por ti, meu Deus e Senhor.
Como mãe de muitos filhos e sacramento universal da salvação,
nossa Igreja formará o cortejo do Cordeiro imaculado,
chamando-te de "Abbá" e rezando "Vem, Senhor Jesus!"
"Amém! Bênção, glória, sabedoria, ação de graças,
honra, poder e fortaleza a nosso Deus pelos séculos dos séculos. Amém" (Ap 7,12).

Mistério de graça e pecado, nossa Igreja tem vocação divina,
coração de ouro e pobres pés de barro.
Arrasta-se pela história entre o bem que faz e as fraquezas que a desfiguram.
Com a fé que ilumina seus caminhos e com a graça de Deus que a sustenta,
a Igreja bate em seu peito e, de joelhos, pede diariamente teu perdão.
Tem piedade de nós, Senhor Deus, tem piedade de nós!
Não somos dignos de teu amor de Pai nem merecedores da cruz de Jesus.

Mas confiamos em tua misericórdia, sem medo, na exultação e na alegria.

Somos felizes, querido e bom Deus, por pertencer à Igreja,
una, santa, católica e apostólica. Ela e nós somos de Cristo.
Que floresçam em todos nós, cristãos e católicos, te imploramos,
a graça e a bênção chamada Jesus.
Que nada nos separe dele!
Que não sejamos inimigos de sua cruz!
Que tenhamos seus sentimentos e seu pensamento!
Que nossa última e derradeira oração possa ser:
Jesus, para ti eu vivo.
Jesus, para ti eu morro.
Jesus, a ti pertencemos na vida e na morte.
Amém.

4. ORAÇÃO DO AMOR E DA AMIZADE

Meu coração está em festa e quero cantar a meu Deus.
Abro meus braços para o infinito dos céus,
para os ventos das montanhas e para as correntezas dos rios e da vida.

Quero abraçar a beleza dos jardins e celebrar a
esperança.
Quero me unir à alegria de homens e mulheres de
todo o mundo.
Quero olhar bem no fundo dos olhos das pessoas,
e extasiar-me com o carinho dos pais, com a alegria
das crianças,
com a serenidade dos velhos e a sabedoria dos
mestres,
porque amo e sou amado, e encontrei um amigo de
verdade.

Que beleza amar e ser amado, ó meu bom e amado
Senhor!
Tu és o Deus dos meus caminhos e dos sonhos bem
sonhados.
Desconhecia o coração e, com medo, até fugia dele.
Sinto-o, agora, batendo de felicidade, transbordando
de alegria,
querendo confessar e gritar para a terra e para o céu
que a vida é linda, que milagres existem e acontecem,
porque amo e sou amado, e encontrei um amigo de
verdade,

Ah, meu bom e amado Senhor, não me aguento de
felicidade

e canto com a maior alegria e vejo a vida com outros olhos.
Não quero mais dar importância a coisas pequenas e sem graça.
Não quero mais valorizar tropeços e derrotas, nem as fraquezas das pessoas.
Não quero mais exaltar erros e pecados, a miséria e o mau-humor.
Não quero mais dar atenção a maledicências, a ambições e vaidades,
porque amo e sou amado, e encontrei um amigo de verdade.

Meu coração está em festa e quero agradecer-te, ó meu Deus.
Vivia sem a beleza e a magia do amor e da amizade,
fechado sobre mim mesmo e dentro de um pequeno mundo,
como se tudo não passasse de uma música sem surpresa e vibração,
música que não enchia meu coração nem me dava alegria de viver,
porque não amava nem era amado, nem tinha um amigo de verdade.

Hoje, meu Senhor, eu me sinto diferente, porque amo e sou amado.

Diante de ti, a teus pés, derramo meu coração
e faço chegar a ti esta oração, este salmo de
felicidade.
Como é bom viver e amar e ser amado!
Como é bom olhar a vida com outros olhos!
Os raios do sol estão mais dourados, a chuva que cai
é mais doce.
Como são lindas as crianças e como é cantante a
minha fé!
O trabalho já não me é penoso. Vivo e trabalho com
prazer.
Como é querida minha família e como são lindas as
pessoas!
Sinto meu futuro mais radioso e cheio de promessas,
porque amo e sou amado, e encontrei um amigo de
verdade,

Porque amo e sou amado, e porque encontrei um
amigo de verdade,
agradeço-te, ó meu bom e amado Senhor, e te
prometo, com todo o coração,
amar as pessoas e a vida, na alegria e na tristeza, na
saúde e na doença,
a sempre respeitar tua vontade, pois és a fonte do
amor e da ternura,
a garantia da paz e da felicidade, do bem, de todo
bem, do eterno bem.

Hoje e sempre, que eu ame e só ame sem medida,
que meu coração te louve com alegria e sem medo de ser feliz,
porque amo e sou amado, porque encontrei um amigo de verdade.
Amém.

5. ORAÇÃO DO FEIO E DO BONITO

Eu te ofereço, ó meu Senhor, tudo que é feio e tudo que é bonito.
Feio é odiar, fazer guerra, passar fome, ser arrogante.
Feio é não ser irmão, é falar mal dos outros, é ser falso e hipócrita.
Feio é ser duro de coração e intolerante, é condenar sem piedade.

Feio é ser vaidoso, ciumento, chato, azedo e sem graça.
Feio é mentir, roubar, trair, acusar e não ter caráter.
Feio é ser ambicioso, avarento e refratário aos aplausos.
Feio é ser complicado, é criar confusões e brigar por ninharias.

Feio é viver descontente, sem esperança e desencantado.
Feio é irritar-se sem razão e causar tristezas aos outros.
Feio é ser preguiçoso, alienado, sádico e sem amor.
Feio é criticar com azedume e ser infiel sem arrependimento.

Feio, muito feio, é viver como se tu, ó Deus, não existisses,
sujeitando os demais aos desmandos da própria vontade.
Feio, muito feio, é ser insensível aos pobres, doentes e pecadores,
é matar na guerra, é abortar um inocente, é ofender a ti, ó Deus da vida.

Bonito é amar e ser amado, é querer bem e ser querido.
Bonito é viver de coração aberto, cantando a beleza da vida.
Bonito é ser de paz, com alegria, com todo o coração e sem medo.
Bonito é abraçar amigos e inimigos, sem distinção ou falsidade.

Bonito é ser cozinheiro, professor, lixeiro, camponês ou padeiro.
Bonito é defender a natureza e cuidar da cidadania.
Bonito é mostrar-se vulnerável, sem fugir de amizades.
Bonito é gostar das crianças, ter um lar e uma linda família.

Bonito é despertar de manhã para o trabalho e para a convivência.
Bonito é bater palmas e aplaudir a quem merece admiração.
Bonito é pedir perdão quando se erra e agradecer quando se deve.
Bonito é aprender, a cada dia, a arte de viver e de amar sem limite.

Bonito, muito bonito, é rezar e te adorar, querido Deus,
aceitando, com grandeza e confiança, o desafio de crer e de viver.
Bonito, muito bonito, é não descer da cruz, por causa das promessas do Reino;
é fazer a festa da vida, mesmo aceitando, com fé, a certeza da morte.

Eu te ofereço, ó meu Senhor, tudo que é feio e tudo que é bonito.
Agradeço-te porque és bonito, porque Tu és a fonte da beleza.
Pelo feio, peço-te perdão. Prometo fugir dele e denunciá-lo.
Na vida e na morte, quero ser teu, sendo mais bonito,
e buscando ser, com a tua graça, sempre menos feio.
Em louvor de Cristo. Amém.

6. ORAÇÃO PELA PAZ

Bem conheces, ó Deus,
o discurso arrogante dos fazedores de guerras,
dos homens que parecem não ter alma:
"Somos poderosos e nossa será a vitória.
Nossas máquinas dominarão o mundo e espalharão a morte e o terror.
Jogaremos com o medo dos fracos e com a covardia dos bons.
Pelo céu, por Deus, em vão gritarão os derrotados.
De nada valem a Justiça e o Direito.
O que vale é a força, somente a força, e ela não nos falta.
Nós somos fortes. Nós somos os senhores da guerra.

O mundo está a nossos pés e as bombas estão em nossas mãos".

Mas tu, ó Deus, não és surdo ao clamor dos oprimidos:
Tem piedade de nós! Clamamos por teu auxílio.
A violência e a morte campeiam por toda parte.
Tristezas e lágrimas são nosso pão de cada dia.
Só Tu, ó Deus, podes salvar-nos.
Que tua mão nos proteja contra os senhores da morte,
contra os homens duros de coração,
que se divertem com a estupidez das guerras.
Por que tanto ódio? Por que tantas mortes sem sentido?
Escuta nosso clamor em favor da paz.

Eis o que diz o Deus onipotente, o senhor da vida:
"Não tenhas medo, pois estou contigo!
Não fiques apreensivo, pois sou teu Deus!" (Is 41,10).
"Então, minha glória se manifestará
e todos os homens juntos a verão" (40,5).
"Estarei convosco, todos os dias, até o fim dos tempos" (Mt 28,20).
"Sou o Conselheiro admirável, o Deus forte,
o Pai para sempre, o Príncipe da Paz" (Is 9,5).
Não temais, repito, não tenhais medo!

Levantai a cabeça! Estarei convosco nos vales das
sombras!
Protegerei meu povo contra os fantasmas da noite.
Os fazedores de guerras, os homens de coração duro
não prevalecerão.
Assim juro Eu, o Deus onipotente, o Senhor da vida!
Sou o Senhor dos séculos futuros!
Ninguém desafiará, impunemente, o meu poder!

Confiamos, ó Senhor, em tuas palavras e promessas.
Cremos em ti e, por isso, viveremos sem medo.
Nossas mãos levantarão, bem alto, a bandeira da paz.
Alimentaremos a esperança que não engana e que
sustenta o sonho.
Em teu nome, não nos acovardaremos.
Não nos calaremos diante dos fazedores de guerras,
dos homens de coração duro.
A nossa saudação sempre será: "A paz esteja
convosco!".
Hoje, uma nova aurora se anuncia e o mundo há de
conhecer a paz.
Amanhã, será um novo dia e da terra se levantará um
canto de vitória.
A Humanidade voltará a dançar de alegria,
no dia em que a estupidez da guerra tiver passado.
O demônio da violência não conseguirá sufocar os
anseios da vida.

Os jardins voltarão, um dia, a florescer.
A Pomba da Paz voltará a voar, livremente, em nossas praças.
O sol voltará a brilhar e as crianças voltarão a brincar nas ruas.
E todos, sem medo e sem lágrimas,
exaltaremos o privilégio de viver num mundo de Paz.
Esta é a certeza da nossa fé, da fé da humanidade.
Esta certeza nos vem de ti, ó Deus.
Tu és a fonte, o fundamento e a garantia da Paz!
A Paz é o caminho, o nosso caminho, o teu caminho, ó Deus!
Glória ao Pai e ao Filho e ao Espírito Santo!
Glória e louvor, honra e aplausos sejam dados ao nosso Deus,
Senhor da vida e Príncipe da Paz!
Amém.

7. ORAÇÃO PELA VIDA

Muito obrigado, ó Deus,
pelo presente da vida
e pela graça de viver!

Faz-nos da vida bons pastores,
ardentes profetas
e encantados poetas!

E que cada manhã seja para nós
e para todos como se fosse a primeira.
E, quando chegar a última,
que a vida nos encontre
ainda fascinados por sua graça
e prontos para a derradeira aventura.

Para a vida abrimos, hoje, o coração,
sempre agradecidos por senti-la
e muito felizes por poder ainda amá-la.
Amém.

8. ORAÇÃO DIANTE DA MORTE

Senhor Deus, grande e bom, graças eu te dou pela graça da oração.
No colo de minha mãe, aprendi a chamar-te de "querido Pai do céu".
Em toda a minha vida, sempre procurei viver em tua presença,
consagrando-me a ti, pedindo-te perdão e sempre dizendo "muito obrigado".

Quero viver sob teus olhos e receber, hoje, tua bênção!
Sempre confiante, estou de joelhos diante de tua grandeza e majestade.

És o Deus de minha vida e da vida dos pobres, doentes e pecadores.
Porque és o Deus da graça e do perdão, sinto-me alegre e não tenho medo.

Sou pequeno, mas pertenço a ti. És grande, mas estás dentro de mim.
Contigo quero fazer história, quero viver e morrer, amar e ser amado.
Se pecar e for fraco, não te afastes de mim, mas desperta meu coração.
Abraça-me e chama-me de filho, esconde-me nas dobras de teu manto.

Rezo, todos os dias, confessando que és meu Deus e Senhor.
A ti elevo minha prece, sempre cheia de amor, confiança e fidelidade.
Perdoa-me, quando me esqueço de ti, abençoa-me para que me lembre de ti.
Recebe esta oração, que pode não ser a última, mas que é a derradeira.

Quero viver e morrer reverenciando teu poder, pois és meu Deus e Senhor.
Se, um dia, viver longe de tua verdade, acorda-me com o trovão de tua voz,

para que retorne aos teus caminhos, e volte a ajoelhar-me diante de teu rosto.
Tu, somente Tu, és meu Deus e Senhor, meu caminho e minha verdade.
Tu és a vida de minha vida, a luz que me ilumina e o Pai que me ama e me abençoa.
Amém.

9. MINHA ÚLTIMA ORAÇÃO

Meu Deus, "nada sou, mas pertenço a ti".
Esta é a hora,
a última hora da minha vida!
Fica comigo, Senhor.
Não me deixes sozinho!
A morte está batendo à minha porta.
Quero ter a coragem de dar-lhe as boas-vindas!

Sinto que ela já está tomando a minha mão.
Faze-me sentir tua presença!
Ela está me convidando para as últimas despedidas.
Agradeço-te pela vida, sem tremer a voz!
Umas últimas lágrimas estão embaçando meu olhar.
Rogo-te, ó bom Jesus, enxuga meu pranto!
A mão fria da morte começa a fechar os meus olhos.
Que eu, ao abri-los, só possa, encantado, ver o teu rosto!

Meu coração já está batendo bem fraquinho.
Perdão, ó Deus, pelas vezes em que ele não bateu por ti!
Ao entregar as chaves de minha casa,
abre-me, com tua cruz, a porta de teu Reino!
Quando tudo tiver passado,
que eu ainda acredite em tuas promessas que não passam!

Neste instante, a morte está me dizendo:
"Chega! É chegada a hora! Vamos!"
Convida-me tu, Senhor da vida e da morte. Dize-me:
"Vem, meu filho! Não tenhas medo!
Entra! Deixa-me abraçá-lo! A casa é tua!"

10. EXULTAÇÃO PASCAL

Que exultem o céu, a terra e todo o universo!
Exultemos todos: anjos, homens e mulheres,
irmãos de todas as raças e religiões, crentes ou não,
que todas as criaturas cantem em louvor e em homenagem a Cristo,
que ressuscitou verdadeiramente!

Esta é a nossa verdade jubilosa:
Nosso Redentor está vivo. Ele venceu a morte.

A morte já não tem poder nenhum sobre Jesus de
Nazaré.
Hoje, Cristo é o Senhor da história e a epifania
radiante da glória de Deus.

Sua alma já não sente, em sua fronte angustiada,
a agonia das gotas de suor e sangue.
Seus lábios já não têm o gosto do cálice de fel.
De seu coração foi arrancado o medo que
experimentou
diante da insolência dos mandatários prepotentes,
da zombaria do povo manipulado
e da morte que lhe roubou o sonho do Reino,
mas não sua fé na força de Deus.

Salve, ó Cristo da Páscoa, Rei vitorioso, Senhor da
história!
Salve, ó Jesus, filho de Maria e da onipotência de
Deus!
Salve, ó homem das dores, triunfador da morte!

Em nome de todos os homens, a comunidade dos
fiéis canta.
Canta a graça da nova vida que irrompe da pedra.
Canta a felicidade de não mais ter que chorar sobre
um túmulo,
que já está vazio.

Canta a luz que brilhou nas trevas,
o dia que venceu a escuridão e se fez aurora de festa.
Canta a certeza da fé que alimentou a esperança,
para além do desespero da morte.

Que cante o mundo inteiro, porque Cristo ressuscitou!
Que soe forte a música da alegria e da exultação pascal!
Que ninguém fique mudo! Que nenhum coração fique parado!
Que haja pão e vinho na mesa de todas as famílias!
Que os pobres comam e os ricos repartam!
Que saltem os coxos e se abram os olhos dos cegos,
porque Cristo ressuscitou verdadeiramente!

Que a justiça encha a terra como as águas enchem o mar!
Que o leão coma capim com o boi e o cordeirinho se deite com o lobo!
Que os inimigos se deem as mãos
e os adversários celebrem um tratado de paz!
Que os soldados descansem as armas!
Que ninguém mais menospreze seus semelhantes!
Que se abram as portas de todas as prisões
para a imensidão do céu de Deus,
porque Cristo ressuscitou verdadeiramente!

Porque Cristo ressuscitou verdadeiramente,
que soe a música!
Que todas as vidas e todas as igrejas se encham de música,
porque assim, cheios de música, estão nossos corações.